Anonymous

Reglement für die Beförderung von Truppen und Armeebedürfnissen auf den Pfälzischen Eisenbahnen

sowie im gegenseitigen Verkehre zwischen den Staatsgebieten des Norddeutschen Bundes, des Königreichs Bayern, des Königreichs Württemberg und des Grosshe

Anonymous

Reglement für die Beförderung von Truppen und Armeebedürfnissen auf den Pfälzischen Eisenbahnen

sowie im gegenseitigen Verkehre zwischen den Staatsgebieten des Norddeutschen Bundes, des Königreichs Bayern, des Königreichs Württemberg und des Grosshe

ISBN/EAN: 9783743396265

Hergestellt in Europa, USA, Kanada, Australien, Japan

Cover: Foto ©ninafisch / pixelio.de

Manufactured and distributed by brebook publishing software (www.brebook.com)

Anonymous

Reglement für die Beförderung von Truppen und Armeebedürfnissen auf den Pfälzischen Eisenbahnen

Reglement

für die Beförderung

von

Truppen und Armeebedürfnissen

auf den

Pfälzischen Eisenbahnen,

sowie

im gegenseitigen Verkehre

zwischen den Staatsgebieten

des Norddeutschen Bundes, des Königreichs Bayern, des Königreichs Württemberg und des Großherzogthums Baden.

16. Juli 1870.

Baur'sche Buchdruckerei in Ludwigshafen a. Rh.
1870.

Reglement

für

die Beförderung von Truppen und Armee-Bedürfnissen auf den Pfälzischen Eisenbahnen

sowie

im gegenseitigen Verkehre

zwischen

den Staatsgebieten des Norddeutschen Bundes, des Königreichs Bayern, des Königreichs Württemberg und des Großherzogthums Baden.

---

§ 1.

Die Eisenbahn-Directionen sind gehalten, die Beförderung von Truppen- und Militär-Personen einschließlich der Gendarmen und der Kriegsgefangenen, sowie von Pferden, Fahrzeugen, Geschützen, Munition und sonstigen Armee-Bedürfnissen auf den von ihnen verwalteten Eisenbahnen, soweit deren Betriebskräfte es gestatten, zu übernehmen.

§ 2.

Mit Ausnahme zu Zwecken des Krieges hat die Beförderung nur in solcher Weise stattzufinden, daß dadurch die fahrplanmäßigen, für den Personen=Transport bestimmten Züge nicht verzögert oder unterbrochen werden. Zu diesem Behufe haben die Eisenbahn=Directionen darüber, wann die Beförderung stattfinden kann, zwar allein zu bestimmen, hierbei jedoch die bezüglichen Anträge der Militärbehörden und Truppenführer thunlichst zu berücksichtigen.

§ 3.

Der Beurtheilung der Eisenbahn=Directionen bleibt ferner überlassen, ob die Beförderung mit den fahrplanmäßigen Zügen oder mit Extrazügen stattfinden soll. Erachtet jedoch der Führer eines Truppen=Commandos, sei es nach eigener Ansicht oder auf Anweisung seines Vorgesetzten, aus militärischen Gründen die Beförderung mit einem Extrazuge für nothwendig, so muß die Eisenbahn=Verwaltung diesem Verlangen Folge geben, und hat alsdann der Führer des Truppen=Commandos die Nothwendigkeit seines Verlangens zu vertreten.

§ 4.

Die Beförderung in Courier= und Schnellzügen kann nicht gefordert werden und ist nur ausnahmsweise, in ganz dringenden Fällen für einzelne Militär=Personen und kleine Commandos, so weit der disponibele Raum und die Stärke der Züge es gestatten, zulässig. In diesen Fällen sind aber die für die übrigen Reisenden geltenden, tarifmäßigen Fahrpreise, und zwar sogleich bei Lösung der Fahrbillets, zu entrichten.

§ 5.

Das Ein- und Ausladen der Pferde und Effecten, Geschütze ꝛc. geschieht unter der Leitung der Bahnhofs-Verwaltung durch die Militär-Mannschaften.

§ 6.

Die Anmeldung der Militär-Transporte muß so zeitig geschehen, daß es möglich ist, die zum Transport erforderlichen Vorbereitungen zu treffen.

§ 7.

Bei militärischer Benutzung der Eisenbahnen finden, sofern die Beförderung auf Grund von Requisitionsscheinen (**Anlage A.**) erfolgt, die nachstehend bezeichneten Tarifsätze Anwendung:

1) Bei geschlossenen Truppen, Commandos und Kriegsgefangenen:
   a. für Officiere pro Person und Meile 4 Sgr. = 14 kr.
   b. für Mannschaften vom Feldwebel abwärts einschließlich einzelner Commandirter pro Person und Meile 1 Sgr. = 3½ kr.
2) Für Ersatz-, Completirungs- und als invalide entlassene Mannschaften pro Person und Meile 1 Sgr. 6 Pf. = 5¼ kr.
3) Für verwundete oder kranke Militär-Personen auf Matratzen in bedeckten Güterwagen einschließlich der in diesen mitbe-

förderten Begleiter 15 Sgr. = 52½ kr. pro Achse und Meile.
4) Für 1 Pferd 10 Sgr. = 35 kr. pro Meile,
2 Pferde 7½ Sgr. = 26¼ kr.
3 „ 6 „ = 21 „
4 „ u. darüb. 4½ „ = 15¾ „
pro Pferd und Meile,
wenn von den Eisenbahn-Verwaltungen gewöhnliche Vieh- oder Güterwagen zum Transport gestellt werden. Wird die Gestellung solcher Fahrzeuge, welche mit Einrichtungen zum Transport von Luxuspferden versehen sind, verlangt, so kommen die im übrigen Verkehre für Pferde-Transporte geltenden tarifmäßigen Sätze zur Erhebung.
5) Für jeden zweiräderigen, beladenen oder unbeladenen Karren 10 Sgr. = 35 kr. pro Meile.
6) Für jedes vierräderige, beladene oder unbeladene für militärische Zwecke erforderliche Fahrzeug,
sowie für jedes unbespannte Geschütz nebst Zubehör (excl. der Mörser in ihren Laffetten) bis zum Gewicht von 40 Centnern 20 Sgr. = 1 fl. 10 kr. pro Meile, für jedes derartige Geschütz nebst Ausrüstung bei einem Gewicht von mehr als 40 Centner 25 Sgr. = 1 fl. 27½ kr. pro Meile.
7) Für Armee-Bedürfnisse, welche einer gleich-

zeitig zu transportirenden Truppen-Abtheilung unmittelbar zugehören, fünf Pfennige = 1,46 kr. pro Centner und Meile.

8) Für sonstige Güter, welche von der Militär-Verwaltung mittelst eines dem Requisitionsscheine beizufügenden Frachtbriefes aufgegeben werden, sowie für Fahrzeuge, welche in zerlegtem Zustande, resp. in ihren einzelnen Theilen der Art zum Transport übergeben werden, daß dadurch nur der für das Volumen absolut erforderliche Raum in Anspruch genommen wird, die Frachtsätze des gewöhnlichen Verkehrs bis zum Maximum von 5 Pf. = 1,46 kr. pro Centner und Meile.

Für Geschützrohre, für Mörser in ihren Laffetten und für Eisenmunition (mit Ausschluß geladener Hohlmunition) bei ganzen Wagenladungen der Steinkohlen-Frachtsatz.

9) Für die als Eilgut aufgegebenen Militär-Effecten der Frachtsatz des gewöhnlichen Eilgut-Verkehrs.

10) Für Pulver, Pulvermunition, geladene Hohlmunition, Zündungen ꝛc. (Anlage B § 1) der Frachtsatz der Normalclasse bis zum Maximum von 5 Pf. = 1,46 kr. pro Centner und Meile mit einem Minimum von 15 Sgr. = 52½ kr. pro Achse und

Meile, soweit nicht bei Zündungen ꝛc. durch Zuladung anderer Gegenstände (Anlage B § 22) dieser Minimalsatz gedeckt wird.

11) Für etwa leer einzustellende Schutzwagen (Anlage B § 9), soweit deren Zweck nicht durch andere, ohnedies zur Beförderung bestimmte Wagen erfüllt werden kann, 10 Sgr. = 35 kr. pro Achse und Meile.

12) Für die Begleit=Mannschaften bei Munitionstransporten (Anlage B § 11), wenn zu ihrer Beförderung in Ermangelung genügenden Raums in den vorzugsweise zu benutzenden Packwagencoupés oder in Ermangelung g e l e g e n t l i ch mitzunehmender Personenwagen Seitens des Commandoführers resp. der betreffenden Militärbehörde die Gestellung eines besonderen Personenwagens verlangt wird, 15 Sgr. = 52½ kr. pro Achse und Meile, wenn nicht das reglementsmäßige Fahrgeld mehr beträgt.

13) Für Extrazüge, welche auf ausdrückliche militärische Anordnung zur Beförderung gestellt werden,

die nach Maßgabe der sub 1 bis 12 angegebenen Sätze berechnete Vergütung, mindestens aber 10 Thaler = 17 fl. 30 kr. pro Meile.

Jedem Officier ist die freie Mitnahme von 50 Pfund Gepäck gestattet. Auch sind das Gepäck und die Waffen, welche der auf der Eisenbahn zu transportirende Soldat auf dem Fußmarsche mit sich führt, desgleichen die Sättel und das Geschirr der zu transportirenden Pferde frachtfrei.

§ 8.

Die Entfernungen der Stationsorte sollen für das Norddeutsche Bundesgebiet nach dem amtlichen Coursbuche der Bundespostverwaltung, für Bayern Württemberg und Baden nach den amtlichen Meilenzeigern berechnet werden.

Die Fahrgelder der Officiere und Mannschaften eines Transportes, desgleichen die nach Pos. 3, 4, 5, 6 und 7 des § 7 ermittelten Frachtgelder sind der Art abzurunden, daß Beträge unter $\frac{1}{2}$ Silbergroschen oder $\frac{1}{2}$ Kreuzer fortgelassen und von $\frac{1}{2}$ Silbergroschen oder $\frac{1}{2}$ Kreuzer ab als voller Silbergroschen oder Kreuzer gerechnet werden.

Die Ermittelung des Gewichts von Militäreffecten und sonstigen Armeebedürfnissen geschieht nach dem Zollcentner zu 100 Pfund. Sendungen unter einem halben Centner werden für einen halben Centner gerechnet; bei schwereren Sendungen gilt jedes angefangene Zehntel vom Centner für ein volles Zehntel. Bei Berechnung der für solche Sendungen zu erhebenden Fracht findet eine Abrundung der Beträge in der Weise statt, daß bei dem ermittelten Frachtgeld für einen Centner Beträge unter $\frac{1}{2}$ Pfennig oder $\frac{5}{100}$ Kreuzer gar nicht, von da ab und darüber für einen vollen Pfennig oder ¹/₁₀ Kreuzer, und bei Berechnung der Fracht für die ganze Sendung Beträge unter ½ Silbergroschen oder ½ Kreuzer gar nicht, von ½ Silbergroschen oder ½ Kreuzer an für einen ganzen Silbergroschen oder Kreuzer gerechnet werden. Stellt sich der Frachtbetrag geringer als 3 Silbergroschen oder 11 Kreuzer, so kommt dieser Minimalsatz zur Erhebung.

In Betreff der etwaigen Erhebung von Wiegegebühren oder anderen, neben dem Frachtgelde zu berechnenden Nebenkosten, finden die Bestimmungen der für den sonstigen Verkehr veröffentlichten Betriebs-Reglements und Tarife Anwendung.

§ 9.

Für die Mannschaften werden Personenwagen dritter Classe, für die Officiere Coupés der höheren Classe gestellt und die Wagen mit der, beim gewöhnlichen Verkehr zulässigen größten Zahl von Personen besetzt. Soweit die Personenwagen dritter Classe nicht ausreichen, werden Personenwagen vierter Classe und bedeckte Güterwagen mit Sitzbänken benutzt, und zwar sind auf jede Querbank 5 Mann zu placiren. In Ermangelung von Vorrichtungen zur Unterbringung des Gepäcks, sowie bei der Beförderung der Mannschaften der Garde-Grenadier-Bataillone sind jedoch auf **längeren Touren und bei voller kriegsmäßiger Ausrüstung** nur 4 Mann auf jede Querbank zu rechnen. Bei anderweitiger

Anordnung der Sitze in den bedeckten Güterwagen ist der Platz in analoger Weise zu bemessen.

§ 10.

Die nach den Sätzen des § 7, Pos. 1 bis 7, berechneten Fahrgelder werden gestundet. Bei Transporten unter 20 Mann aus einem der vier hier in Rede stehenden Staatsgebiete in das andere tritt jedoch sofortige Baarzahlung ein.

Die Requisitionsscheine (§ 7) müssen vom Commandeur des Truppentheils oder von der vorgesetzten Militärbehörde in allen ihren Theilen genau und übereinstimmend ausgefüllt, so wie mit Unterschrift und Dienstsiegel versehen sein.

Bewegt sich der Transport über verschiedene Eisenbahnen, so genügt für sämmtliche von demselben berührte und in unmittelbarem Zusammenhange stehende Bahnen unter Staatsverwaltung Ein Requisitionsschein, geht der Transport aber auf andere Bahnen oder in ein anderes der vier Staatsgebiete über, so ist für jeden Uebergang ein weiterer Requisitionsschein erforderlich, so weit nicht durch besondere Conventionen für bestimmte Bahncomplexe eine Aenderung herbeigeführt wird.

Der Eisenbahn-Expedient trennt die Abschnitte 2 und 3 von dem Requisitionsscheine ab, stempelt dieselben vorschriftsmäßig, versieht sie mit Namensunterschrift und händigt sie dem Commandoführer, beziehungsweise dem expedirten Soldaten aus. Der

Abschnitt 2 dient als Fahrbillet und wird auf der letzten Station vor der Zielstation von dem Zugführer abgenommen. Der Abschnitt 3 wird der Militärbehörde übermittelt. Die auf Grund des Abschnitts 1 von der Eisenbahn-Verwaltung über gestundete Fahrgelder aufzustellende Liquidation wird bei derjenigen Intendantur oder sonstigen Militärbehörde eingereicht, welche dafür bei Ausstellung des Requisitionsscheins in demselben bezeichnet ist. Die Zahlung erfolgt kosten- und stempelfrei an die Hauptkassen der Eisenbahnverwaltungen.

§ 11.

Hinsichtlich der Versendung von Pulver, Pulvermunition und sonstigen militärischen Munitionsgegenständen gelten auf den Eisenbahnen die in der Anlage unter B. enthaltenen Bestimmungen.

Die Militärverwaltung trägt die Gefahr der vorstehend bezeichneten Transporte und ersetzt allen nicht erweislich durch ein grobes Versehen der leitenden Eisenbahnenverwaltung selbst durch diese Transporte etwa entstehenden Schaden.

§ 12.

Beschädigungen, welche sonst bei Beförderung des Militärs oder von militärischen Sendungen vorkommen, werden von der Eisenbahnverwaltung nach den Bestimmungen der Reglements ersetzt, ausgenommen, wenn die Verluste und Beschädigungen durch das eigene Verschulden des Militärs herbeigeführt oder die erweisliche Folge eines unabwendbaren Zufalles oder unvorhergesehener Natur-Ereignisse sind. Alle etwaigen Beschädigungen, mögen dieselben an jenen Sendungen vorgekommen und von der Eisenbahnverwaltung zu tragen oder vom Militär verursacht sein und letzterem der Ersatz obliegen, müssen gleich nach Ankunft der betreffenden Züge, beziehungsweise Ausgabe der beförderten Gegenstände, angemeldet und Seitens der Eisenbahnverwaltung und militärischer Seits festgestellt und attestirt werden.

§ 13.

Auf alle Transporte von Militärpersonen und Armeebedürfnissen, deren Beförderung nicht auf Grund eines Requisitionsscheins stattfindet, kommen in jedem der vier Staatsgebiete die dort maßgebenden Bestimmungen und Tarife zur Anwendung.

§ 14.

In allen Fällen, für welche dies Reglement keine Bestimmungen enthält, sind die allgemeinen reglementarischen und Tarif-Vorschriften der Eisenbahnen maßgebend.

B.

Bestimmungen
über
Beförderung von Pulver, Pulvermunition und sonstigen militärischen Munitions-Gegenständen auf Eisenbahnen.

§ 1.
Allgemeines.

Pulver, sowie Pulvermunition (Munitions-Gegenstände, in denen Pulver enthalten ist) dürfen auf den Eisenbahnen nur befördert werden:

1) in den Taschen oder Tornistern der Militär-Mannschaften, oder
2) in den zum Transporte der Munition besonders eingerichteten militärischen Kriegsfahrzeugen, oder
3) in geeigneten Packgefäßen.

Für den Eisenbahntransport von Zündungen (Zündhütchen, Zündschrauben, Zündspiegel, Zünder, Zündlichte, Schlagröhren, Stoppinen ꝛc.), sowie von gefüllten Hülsen zu Raketen u. dgl., ist erforderlich, daß dieselben in geeigneter Weise verpackt sind.

Der Transport der bei Beseitigung von Eisstopfungen in Anwendung kommenden gefüllten Sprengbüchsen und des zur Füllung der leeren

Büchsen erforderlichen Pulvers ist nach den Vorschriften für Pulver und Pulvermunition ad 2 und 3 zulässig.

§ 2.

Die Militärverwaltung trägt die Gefahr der im § 1 bezeichneten Transporte von Pulver, Pulvermunition und sonstigen militärischen Munitions-Gegenständen und ersetzt allen nicht erweislich durch ein grobes Versehen der leitenden Eisenbahn-Verwaltung selbst durch diese Transporte etwa entstehenden Schaden.

§ 3.

Das Bahnhofs- und Fahrpersonal hat darauf zu achten, daß die Bestimmungen dieses Reglements, soweit solche seine Thätigkeit und Mitwirkung angehen, zur pünktlichen Ausführung gelangen, und Unterlassungen sowie Zuwiderhandlungen, welche von ihm auf Seiten der Militär-Behörden und Truppen wahrgenommen werden, zu melden.

§ 4.

Bevor Truppen eines fremden Staats, welche Munition mit sich führen, oder Munitions-Gegenstände eines fremden Staats mit oder ohne Begleitmannschaft desselben zur Beförderung angenommen werden, muß den betreffenden Eisenbahn-Beamten durch ihre vorgesetzte Behörde erst bekannt gemacht worden sein, daß der Transport überhaupt stattfinden darf und daß die fremde Staatsregierung sich damit einverstanden erklärt hat, die Bestimmungen dieses Reglements befolgen zu lassen.

§ 5.
Transporte von Pulver und Pulvermunition überhaupt.

Damit von der Eisenbahn-Verwaltung die für die Beförderung ihrerseits erforderlichen Maßregeln getroffen werden können, haben die absendenden Militär-Behörden oder Truppentheile die Requisition zum Transport von Truppen, Kriegsfahrzeugen oder Packgefäßen mit Pulver oder Pulvermunition auf der Eisenbahn stets zeitig und zwar schriftlich zu bewirken, und darin ausdrücklich die Worte „mit Pulver" resp. „mit Pulvermunition" anzugeben, sowie ob diese Gegenstände von Mannschaften in Taschen oder Tornistern mitgeführt werden oder in Kriegsfahrzeugen oder Packgefäßen zur Versendung gelangen.

Durch die Worte „mit Pulver resp. Pulvermunition" will die Militär-Verwaltung bezeugen lassen, daß nicht nur bei der Verpackung in die Kriegsfahrzeuge oder Packgefäße die vorgeschriebenen Vorsichtsmaßregeln angewendet worden seien, resp. bei der Beladung der Eisenbahnwagen, sowie beim Abladen werden beachtet werden, sondern auch ihre Behörden oder Truppen angewiesen sind, den Bestimmungen dieses Reglements zu folgen.

§ 6.

In Betreff der Zeit der Absendung der Pulver- und Pulvermunitions-Transporte haben sich die absendenden Militär-Behörden oder Truppentheile mit der betreffenden Eisenbahn-Verwaltung in Verbindung zu setzen. Kriegsfahrzeuge und Packgefäße, welche Pulver und Pulvermunition enthalten, dürfen nicht eher auf den Bahnhöfen zugelassen werden, bis mit ihrer Verladung auf die Eisenbahnwagen der Anfang gemacht werden kann. Dieser darf nur dann vor sich gehen, wenn unmittelbar nach Beendigung der Verladung auch der Abgang des Zuges, mit welchem die Beförderung geschehen soll, erfolgen kann.

§ 7.

Das Beladen der Eisenbahnwagen mit Pulver oder Pulvermunition, sowie das Entladen, geschieht durch Militär-Mannschaften resp. unter militärischer Leitung, der Transport dieser Wagen von und nach den Zügen dagegen durch die Arbeitskräfte der Eisenbahn-Verwaltungen. Beim Auf- und Abladen der Kriegsfahrzeuge resp. beim Ein- und Ausladen der Pulver- oder Pulvermunitions-Collis ist die Hilfe der damit vertrauten Beamten und Leute der Eisenbahnen nicht von der Hand zu weisen.

Das Verladen des Pulvers und der Pulvermunition darf niemals von den Güterböden oder Güterperrons aus geschehen, muß vielmehr ebenso wie das Abladen auf möglichst abgelegenen Seitensträngen bewirkt werden.

Bis zur Vollendung der Verladung und bis zum Abgange des Zuges sollen die betreffenden Fahrzeuge durch Militärposten bewacht werden.

§ 8.

Der Transport der Eisenbahnwagen mit Pulver oder Pulvermunition von und nach den Zügen, wie überhaupt das Rangiren der Züge mit Pulver- und Pulvermunitionswagen darf mittelst der Locomotivkraft nur dann geschehen, wenn zwischen Locomotive und Pulver- oder Pulvermunitionswagen sich mindestens vier andere Wagen befinden. Fährt eine Locomotive bei Wagen vorüber, die mit Pulver oder Pulvermunition beladen sind, so müssen an derselben die Feuerthür und die Aschklappen geschlossen, auch darf das Blaserohr nicht verengt sein.

§ 9.

Die Eisenbahnwagen, auf welchen Pulver oder Pulvermunition enthaltende Kriegsfahrzeuge oder Packgefäße sich befinden, sind unter sich und mit dem vorangehenden und dem nachfolgenden Wagen fest zu verkuppeln und an das, der Locomotive entgegengesetzte Ende des Zuges zu stellen; es müssen denselben jedoch mindestens vier nicht mit Pulver, Pulvermunition oder Feuersgefahr erzeugenden Gegenständen beladene Eisenbahnwagen vorangehen und drei dergleichen (der Gepäckwagen würde bei dem Umsetzen auf einer Kopfstation der vierte sein) folgen. Der am Schlusse des Zuges befindliche Wagen muß mit einer Bremse versehen und dieselbe bedient sein.

§ 10.

In die reinen Personenzüge sollen niemals Kriegsfahrzeuge oder Packgefäße mit Pulver oder Pulvermunition aufgenommen werden, auch soll auf denjenigen Eisenbahnen, auf welchen keine reinen Güterzüge gehen, sondern die Züge stets in Verbindung mit Personenbeförderung verkehren, Pulver und Pulvermunition in Kriegsfahrzeugen oder Packgefäßen mit solchen gemischten Zügen in der Regel nicht befördert werden. Für größere Transporte müssen die absendenden Militärbehörden und Truppentheile Extrazüge requiriren.

Geschieht die Beförderung des Pulvers und der Pulvermunition nicht in Extrazügen, sondern in den gewöhnlichen Güterzügen oder ausnahmsweise mit den gemischten Zügen, so dürfen diesen Güter- resp. gemischten Zügen nicht mehr als je acht mit Pulver oder Pulvermunition beladene Achsen beigegeben werden.

In sehr dringlichen Fällen darf der Transport der bei Beseitigung von Eisstopfungen in Anwendung kommenden gefüllten Sprengbüchsen und des zur Füllung leerer Büchsen erforderlichen Pulvers unter

Aufsicht militärischer Commandos auch mit den zur Personenbeförderung bestimmten Zügen bewirkt werden. Alsdann ist jedoch zur Unterbringung der Sprengbüchsen, sowie des dazu gehörigen Pulvers und der Zündungen ein besonderer Wagen einzustellen oder wenigstens eine gesonderte Abtheilung eines Wagens zu wählen, in welche andere Personen oder Sachen nicht aufgenommen werden dürfen.

Es ist untersagt, von den Bremsen Gebrauch zu machen, mit welchen die zum Pulver- und Pulvermunitions-Transport benutzten Eisenbahnwagen und der nachfolgende resp. vorangehende Wagen etwa versehen sind.

§ 11.

Jedem Transport von Pulver oder Pulvermunition in Kriegsfahrzeugen oder Packgefäßen wird ein Militär-Commando zur Begleitung resp. Bewachung beigegeben.

§ 12.

Ein Umpacken der mit Pulver- oder Pulvermunition beladenen Eisenbahnwagen darf nur in dem Falle, daß es unumgänglich nöthig ist, und dann nur unter Beachtung der festgesetzten Vorsichtsmaßregeln geschehen.

Die Begleitungsmannschaften haben auf denjenigen Stationen, auf welchen ein Anhalten des Zuges stattfindet, die mit Kriegsfahrzeugen oder Packgefäßen beladenen Eisenbahnwagen zu revidiren und nachzusehen, ob die Verladung resp. Verpackung irgendwie mangelhaft geworden ist. Vorgefundene Mängel sind sofort abzustellen.

§ 13.

Die Eisenbahn-Verwaltungen sind verpflichtet,
a) die sämmtlichen auf der Tour belegenen Stationen nebst dem Personal der Züge, mit denen unterwegs Kreuzungen oder Ueberholungen stattfinden, von dem Abgange resp. Eintreffen eines Pulver- oder Pulvermunitions-Transportes rechtzeitig zu benachrichtigen, auch dafür zu sorgen, daß jeder unnöthige Aufenthalt vermieden wird, sowie daß alle Gefahr herbeiführenden Ursachen, soweit sie nicht durch die Natur des Eisenbahnbetriebes bedingt sind, beseitigt werden; ebenso
b) die in gefährdeter Nähe der Auf- und Abladestationen befindlichen Nachbarbahnen von dem stattfindenden Verladen resp. Abladen zur Vermeidung einer Gefährdung ihres Betriebes in Kenntniß zu setzen.

§ 14.

Die an den Bestimmungsorten anlangenden Transporte mit Pulver- oder Pulvermunition müssen durch die betheiligten Militärbehörden und Truppentheile ungesäumt in Empfang genommen und von den Bahnhöfen entfernt werden. Es ist deshalb der betreffenden Commandantur oder, wo eine solche nicht vorhanden ist, dem Empfänger selbst, zur Einleitung der nothwendigen Vorkehrungen von der wahrscheinlichen Ankunftszeit des Transportes mindestens zwölf Stunden vorher, nöthigenfalls durch den Bahn-Telegraphen Nachricht zu geben.

Die angekommenen Transporte mit Pulver- und Pulvermunition sind so lange, bis sie vom Bahnhofe entfernt werden, von Militärposten zu bewachen.

Transporte von Pulver- und Pulvermunition durch Militär-Mannschaften selbst in den Taschen und Tornistern, oder in Kriegsfahrzeugen.

§ 15.

Mannschaften, welche Pulver oder Pulvermunition in den Taschen oder Tornistern transportiren, sollen in demselben Wagen oder in einzelnen Wagenabtheilungen, welche ihnen — soweit es angeht — allein zu überlassen sind, zusammen befördert werden. Falls nicht zu vermeiden ist, solche Mannschaften mit anderen Reisenden in demselben Raum zusammenzusetzen, darf weder von den Soldaten noch von diesen Reisenden geraucht werden, auch dürfen sie nicht während des Transportes zu irgend einem Zweck Feuerschwamm, Reibzündgegenstände oder sonstigen Zündstoff anzünden.

§ 16.

Die Militärbehörden resp. Truppentheile haben dafür zu sorgen, daß die mit Pulver- und Pulvermunition beladenen Kriegsfahrzeuge stets sorgfältig verschlossen sind.

Die aufgeladenen Fahrzeuge sind unter Beihilfe der Eisenbahnbeamten auf den Eisenbahnwagen gut und sicher zu befestigen, die Räder durch vorgelegtes Kreuzholz zu hemmen und die Deichseln — wenn sie weiter als für Eisenbahntransporte zulässig über die Kopffläche des Wagens hervorstehen — abzunehmen.

Auf unbedeckten Eisenbahnwagen sind Strohunterlagen, Futter, überhaupt alle leicht feuerfangenden Gegenstände von den Kriegsfahrzeugen zu entfernen und in bedeckten Güterwagen unterzubringen, wenn nicht zum Bedecken der Kriegsfahrzeuge brandsichere Decken vorhanden sind.

§ 17.

Jedem mit Pulver oder Pulvermunition in Kriegsfahrzeugen beladenen Eisenbahnwagen wird ein Mann des Begleit-Commandos zur Beaufsichtigung zugetheilt, und demselben auf offenem Wagen ein Eimer mit Wasser beigegeben, um etwa auf den Wagen fallende Funken sofort löschen zu können. Die bei den zu befördernden, mit Pulver und Pulvermunition beladenen Kriegsfahrzeugen befindlichen Soldaten dürfen während des Transports auf der Eisenbahn nicht rauchen, auch nicht zu irgend einem Zwecke Feuerschwamm, Reibzündgegenstände oder sonstigen Zündstoff anzünden.

Das Eisenbahnpersonal, welches sich bei dem mit Pulver oder Pulvermunition in Kriegsfahrzeugen beladenen Eisenbahnwagen befindet, darf ebenfalls nicht rauchen.

Transporte von Pulver und Pulvermunition in Packgefäßen.

§ 18.

Kornpulver muß in leinenen, Mehlpulver in ledernen Säcken verpackt sein und sich mit denselben in Pulvertonnen befinden. Prismatisches Pulver wird in den für dasselbe besonders eingerichteten Kasten versendet. Die Pulvermunition muß ebenfalls in Tonnen oder in geeigneten Kisten oder Kasten verpackt sein.

Die absendenden Militärbehörden oder Truppentheile haben mit aller Strenge und unter eigener Verantwortlichkeit darauf zu halten, daß die verwendeten Packgefäße — Pulvertonnen, Pulversäcke, Patronenkasten, Transportkasten 2c. — von vorschriftsmäßiger Beschaffenheit, dicht, fest und dauerhaft sind, sowie daß die Gegenstände fest und mit der äußersten Sorgfalt verpackt werden. Das Gewicht eines Pulver- oder Pulvermunitions-Collo darf 2³/₄ Centner nicht übersteigen.

Jedes Collo muß mit dem Zeichen oder Stempel der absendenden Militärbehörde oder des betreffenden Truppentheils versehen sein, welcher die Verpackung bewirkt hat.

§ 19.

Zur Beförderung von Pulver= und Pulvermunition in Packgefäßen werden nur geschlossene bedeckte Güterwagen mit elastischen Stoß= und Zug=Apparaten und fester sicherer Verdachung gewählt, deren Thüren, sowie die etwa vorhandenen Fenster verschließbar sind.

§ 20.

Auf den Boden der Eisenbahnwagen, sowie zwischen jede Lage der Colli werden Haardecken gelegt, so daß niemals Holz auf Holz oder auf Metall zu liegen kommt.

Die zum Transport von Pulver und Pulvermunition verwendeten Tonnen dürfen in den Eisenbahnwagen nicht aufrecht gestellt, müssen vielmehr gelegt und durch Holzunterlagen, welche unter den im Uebrigen zur festen Lagerung der Pulver= und Pulvermunitions=Colli ausschließlich zu verwendenden Haardecken anzubringen sind, gegen jede rollende Bewegung geschützt werden.

Die Haardecken und Holzunterlagen liefert die Militärverwaltung und empfängt dieselben zurück.

Es dürfen niemals mehr als drei Lagen Pulver= und Pulvermunitions=Colli übereinander gelegt, und die Eisenbahnwagen höchstens bis zu zwei Dritttheil ihrer normirten Tragfähigkeit belastet werden.

In den mit Pulver oder Pulvermunition in

Packgefäßen beladenen Wagen dürfen andere Ladungen niemals aufgenommen werden.

§ 21.

Die Mannschaft des Begleit=Commandos darf auf den mit Pulver resp. Pulvermunition in Pack=gefäßen beladenen Wagen selbst nicht untergebracht werden. Es ist sowohl diesen Mannschaften als auch dem Zugpersonal ausdrücklich untersagt, die mit Pulver oder Pulvermunition beladenen Wagen unnöthiger Weise zu besteigen.

Eine Ausnahme findet nur in dem Falle statt, wenn sich auf den Haltepunkten bei der Revision der Wagen (§ 12) oder durch andere Wahrnehmung der dringende Verdacht einer Beschädigung des In=halts ergeben sollte.

Transport von Zündungen ꝛc.

§ 22.

1. Die Zündungen, gefüllten Hülsen zu Raketen und dergleichen (§ 1) müssen in Tonnen, Kisten oder Kasten von höchstens 0,4 Kubikmeter Rauminhalt verpackt, und diese Packgefäße von vorschriftsmäßiger Beschaffenheit, dicht, fest und dauerhaft sein. Die Verpackung muß sorgfältig und dergestalt ausgeführt sein, daß der innere Raum der Packgefäße völlig ausgefüllt ist.

Das gefüllte Packgefäß muß äußerlich mit der Bezeichnung „Zündungen" versehen sein und darf das

Gewicht von 2¾ Centnern nicht übersteigen. Die Verantwortlichkeit für die strenge Durchführung der bestehenden Vorschriften über die Verpackung dieser Munitions-Gegenstände tragen die absendenden Militärbehörden resp. Truppentheile.

2. Jede Militärbehörde resp. jeder Truppentheil ist berechtigt, nach derselben Richtung täglich Eine Sendung, welche aber Eine Wagenladung von 100 Centnern nicht übersteigen darf, auch denselben Bestimmungsort haben muß, zur Beförderung aufzugeben.

Wenn die Ladung weniger als 100 Centner beträgt, so dürfen bis zu diesem Gewichte auch andere Colli, welche jedoch weder leicht feuerfangende oder feuerverursachende Stoffe enthalten dürfen, noch durch ihre Schwere die Zündungen enthaltenden Packgefäße beschädigen können, in denselben Wagen geladen werden.

3. Die Ablieferung dieser mindestens 24 Stunden vorher anzumeldenden Sendungen erfolgt unmittelbar vor der Verladung.

Die betreffende Militärbehörde resp. der Truppentheil des Versandtortes hat dafür Sorge zu tragen, daß der Empfänger von der Ankunft solcher Sendungen rechtzeitig, erforderlichen Falls auf telegraphischem Wege, benachrichtigt wird.

4. Zum Transport sind nur bedeckte Güterwagen mit fester, sicherer Bedachung und besonderer Verschlußvorrichtung zu wählen, zu welcher der

Packmeister (Conducteur) den Schlüssel in Verwahrung zu nehmen hat.

Jeder dieser Wagen muß auf jeder Langseite mit der Aufschrift „Militärische Munitions-Gegenstände" deutlich erkennbar bezeichnet sein.

Etwa an den Wagen befindliche Bremsen dürfen nicht besetzt werden.

5. Das Be- und Entladen der Wagen erfolgt entweder unter militärischer Aufsicht oder es übernimmt die absendende Militärbehörde resp. der absendende Truppentheil die Verpflichtung, dafür zu sorgen, daß die Arbeiten von anderen sachkundigen Personen geleitet oder ausgeführt werden.

6. Seitens der betreffenden Eisenbahn-Verwaltung ist dafür Sorge zu tragen, daß das Be- und Entladen der Wagen nicht an den Güterböden, sondern auf abgelegenen Seitensträngen erfolgt.

Wenn beim Uebergange auf eine Anschlußbahn der betreffende Wagen nicht sogleich weiter befördert werden kann, so ist derselbe bis zum Abgange des nächsten Zuges gleichfalls auf einem Seitenstrange aufzustellen.

7. Die Beförderung der mit Zündungen beladenen Wagen erfolgt mit den Güter- und Chemikalien-Zügen event. auf Bahnen, auf welchen reine Güter- und Chemikalien-Züge nicht coursiren, nöthigenfalls mit den gemischten Zügen. Begleitung durch Militär-Mannschaften findet nicht statt.

8. Die mit dergleichen Sendungen beladenen Wagen müssen derartig in die Züge eingestellt werden, daß mindestens 4 Wagen vorangehen und 3 Wagen folgen.

9. Dem Zugführer ist Seitens der Abgangsstation offene Ordre mitzugeben, welche derselbe jedem Stations-Vorsteher vorzuzeigen hat, damit Letzterer die erforderlichen Vorsichtsmaßregeln beim Rangiren 2c. anordnen kann.

10. Die an den Bestimmungsorten anlangenden Transporte mit Zündungen müssen durch die betheiligten Militärbehörden und Truppentheile ungesäumt in Empfang genommen resp. von den Bahnhöfen entfernt werden.

Bekanntmachung,

die Verfertigung, den Besitz, die Aufbewahrung, den Verkauf und den Transport von Schießpulver, Schießbaumwolle und Feuerwerksgegenständen betr.

Staatsministerium des Innern
und
Staatsministerium des Handels und der öffentlichen Arbeiten.

Auf Grund des Art. 169 des Polizeistrafgesetzbuches wird in Bezug auf Verfertigung, Besitz, Aufbewahrung, Verkauf und Transport von Schießpulver, Schießbaumwolle und Feuerwerks-Gegenständen verfügt, was folgt:

Abschnitt I.
Verfertigung solcher Stoffe.

§ 1.

Für die Errichtung oder wesentliche Veränderung von Fabriken oder Werkstätten zur Verfertigung von Schießpulver, Schießbaumwolle oder Feuerwerks=

Gegenständen sind die Bestimmungen der Allerhöchsten Verordnung vom 16. Mai 1863, die Vorsorge gegen Gefahren und Belästigungen bei Errichtung oder wesentlicher Veränderung von Fabriken und Werkstätten betreffend (Reg.-Blatt S. 993) maßgebend.

§ 2.

Wer sich mit Verfertigung von Schießpulver, Schießbaumwolle oder Feuerwerks-Gegenständen befassen will, hat zudem, und zwar vor dem Beginne des Betriebes, bei der Districtspolizeibehörde hiervon Anzeige zu erstatten, und den hiernach von dieser ergehenden Anordnungen sich zu unterwerfen.

§ 3.

Außer den bei Genehmigung derartiger Arbeitsanlagen und Beschäftigungen ergehenden besonderen Bestimmungen sind folgende Vorschriften einzuhalten:

1) Für die Aufbewahrung sowohl der Rohstoffe, als auch der fertigen Fabrikate müssen besondere Räume bereit gehalten und dürfen hierzu die Fabrikationslocale nicht benützt werden.

2) Die bei den verschiedenen Arbeiten zum Mischen der Pulverbestandtheile oder für den bereits gemischten Pulversatz zu benützenden Arbeitsgeräthe dürfen nicht von Eisen, auch die Räder der Karren und Wagen, welche zum Transporte innerhalb der Fabrik dienen, nicht mit Eisen beschlagen sein.

3) Fässer und andere Gefäße, welche zur Benützung in Pulverfabriken dienen, dürfen keine eisernen Reife oder Nägel haben und müssen dicht schließend gearbeitet und fest gebunden sein.

4) Die zum Transporte von Pulver oder Pulversatz aus einem Locale der Fabrik in ein anderes dienenden Gefäße müssen außerdem mit gut angepaßten Deckeln versehen sein.

5) Wenn Reparaturen an Maschinen oder Theilen der Fabrik nöthig werden, hat den Ausbesserungsarbeiten die Entfernung der Pulvermassen in den betreffenden Räumen und sodann eine starke Durchnässung letzterer vorauszugehen.

Bei den Reparaturen muß immer der Inhaber oder ein sachkundiger Werkmeister der Fabrik die Aufsicht führen.

6) In jeder Pulverfabrik muß für Wasservorrath und für Feuerlöschgeräthe, dann für entsprechende Bewachung auch außer der Arbeitszeit und bei Nacht vorgesorgt sein; diese Bewachung kann bei kleinen und isolirt gelegenen Werken von der Districtspolizeibehörde erlassen werden.

7) In Pulverfabriken dürfen nur erwachsene, zuverlässige und nüchterne Personen verwendet werden.

Nicht zum Geschäftsbetrieb gehörige Personen dürfen nur unter Begleitung eines Aufsehers zugelassen werden.

8) Für jede Pulverfabrik muß eine Betriebsordnung erlassen und in derselben zu Jedermanns Kenntnißnahme angeheftet werden. Für kleinere Werke kann die Aufstellung einer Betriebsordnung von der Districtspolizeibehörde nachgesehen werden. Die Betriebsordnung muß den Geschäftsbetrieb so regeln, daß jeder Arbeiter seinen bestimmten Geschäftskreis hat.

In den einzelnen Arbeitslocalen dürfen immer nur diejenigen sich aufhalten, welche nach der Betriebsordnung in denselben beschäftigt sind.

Den Arbeitern bei den Feuerungsanlagen, wie den Salpetersiedern, Köhlern, Heizern, dürfen keine Geschäfte übertragen werden, bei deren Ausführung sie von den Feuerungsanlagen weg Locale betreten müßten, in welchen Pulver bereitet wird, und ebenso müssen die in letzteren Localen Beschäftigten während ihrer Arbeitszeit den Feuerungsanlagen fern bleiben.

Die Heizung der Fabriklocale darf nur von außen geschehen und muß so eingerichtet sein, daß die zu verarbeitenden Materialien unter keinen Umständen weder mit offenem Feuer, noch mit überhitzten Flächen in Berührung kommen können. Für das Trocknen des Pulvers ist nur Dampf- oder Warmwasserheizung zulässig.

9) Alle in Arbeits- oder Lagerräume einer Pulverfabrik Eintretenden müssen vorher ihre Fußbekleidung ablegen oder über dieselbe Filzschuhe anziehen.

An der Fußbekleidung der Arbeiter dürfen sich eiserne Nägel oder Absatzeisen nicht befinden.

10) Das Tabakrauchen ist nicht blos in den Fabrikräumen, sondern auch in der Nähe der Fabrik auf eine Entfernung von 340 Fuß (100 Metern) von den äußeren Grenzen verboten.

Die Arbeiter dürfen in der Fabrik weder Rauchtabake oder Cigarren, noch Tabakspfeifen, Feuerzeuge oder sonstige zum Rauchen dienende Gegenstände mit sich führen.

11) In den Pulverbereitungslocalen muß während der Arbeit alles Schlagen, Stoßen und Reiben sorgfältig vermieden und jedes Gefäß behutsam gehoben, getragen und niedergesetzt werden.

Gleiche Vorschrift gilt für alle Fabrikräume, in welchen Pulversatz, Pulvermasse oder fertiges Pulver gelagert ist.

12) Fertiges Pulver darf in den Bereitungslocalen nicht in größeren Quantitäten angehäuft, sondern muß alsbald aus denselben in die Verwahrungslocale gebracht, auch darf das zu verarbeitende Material nur allmählich nach dem Fortschritte der Arbeit in die Arbeitsräume genommen werden.

13) Die Pulverkohle darf erst mindestens zwei Tage nach ihrer Darstellung pulverisirt werden und ist sodann in mit Eisenblech gefütterten oder blechenen Behältern mit gut schließenden Deckeln in ein

eigens hierfür bestimmtes Local zur Aufbewahrung zu verbringen.

14) Die Pulverarbeit darf nur bei Tageslicht oder Nachts unter Anwendung von zweckmäßig construirten Sicherheitslampen stattfinden.

Sogleich nach dem Schlusse der Arbeit ist fertiges Pulver in das hierfür bestimmte Aufbewahrungslocal zu verbringen.

15) Aus Unvorsichtigkeit verschüttete Satzmaterialien oder Pulvermassen dürfen nicht weiter zur Fabrikation verwendet, sondern müssen sogleich zusammengekehrt und in mit Wasser gefüllte Auslauge-Bottiche geschüttet oder vollständig unter die Erde gebracht werden.

Wenigstens wöchentlich einmal müssen alle Betriebsräume gründlich gereinigt und sammt den Maschinen gut abgestaubt werden; das Kehricht ist wie verschüttetes Satzmaterial zu behandeln.

16) Wird bei den in Pulverfabriken benützten Maschinen eine Schadhaftigkeit oder unregelmäßiger Gang wahrgenommen, so ist die Benützung sogleich einzustellen, bis die Maschine wieder in guten Stand gesetzt ist.

17) Kann der Inhaber einer Pulverfabrik die nöthige Ueberwachung der Arbeiter nicht selbst führen, so hat er einen sachkundigen Werkmeister aufzustellen.

18) Droht einer Pulverfabrik von außen Feuers=
gefahr, so sind vor Allem Pulver und Pulversatz
aus dem Bereiche der Gefahr zu bringen.

§ 4.

Für die Wegschaffung aus den Verwahrungs=
räumen einer Fabrik muß Pulver so verpackt wer=
den, wie im Abschnitt IV für Pulvertransporte vor=
geschrieben ist.

Werkzeuge aus Funken erzeugenden Metallen
dürfen bei der Verpackung in den Verwahrungs=
räumen nicht benützt werden.

Soweit die Benützung von Messern, Bohrern
und Zangen bei der Verpackung unvermeidlich ist,
sind die betreffenden Verrichtungen außerhalb der
Verwahrungsräume vorzunehmen.

§ 5.

Die in den §§ 3 und 4 getroffenen Bestim=
mungen haben, soweit es nach der Beschaffenheit der
Objecte thunlich ist, auch auf die Verfertigung von
Schießbaumwolle und von Feuerwerks=Gegenständen
Anwendung zu finden.

Abschnitt II.
Besitz und Aufbewahrung solcher Stoffe.

§ 6.

Wer Schießpulver bereitet oder sonst besitzt,
hat dafür zu sorgen, daß von seinem Vorrathe

nichts in die Hände unverläſſiger Perſonen und
namentlich von Kindern gelange.

§ 7.

Die Verwahrung von Schießpulver muß in
einer Verpackung geſchehen, welche gegen Verſtreuung,
Entzündung und Reibung vollkommen ſichert.

§ 8.

Von einem und demſelben Beſitzer dürfen in
bewohnten Gebäuden oder ſonſt innerhalb der Ort=
ſchaften Pulverquantitäten nur bis zu zwei Zoll=
pfunden (1 Kilogramm) verwahrt werden, vorbehalt=
lich der Beſtimmungen im § 15.

Hiefür iſt ein Platz zu wählen, an welchem die
Gefahr einer Entzündung oder eines Mißbrauches
des Vorrathes nicht zu beſorgen iſt.

Wer größere Quantitäten Schießpulver vor=
räthig haben will, hat dieſelben in ausſchließlich
hiefür beſtimmten Magazinen oder in anderen orts=
polizeilich für geeignet erklärten Räumen unterzu=
bringen.

§ 9.

Pulvermagazine und Lagerräume müſſen außer=
halb der Ortſchaften in gehöriger Entfernung von
Gebäuden angelegt und durch eine Umzäunung gegen
den Zutritt Unberufener geſichert werden.

Jedes Pulvermagazin und jeder Lagerraum iſt,

soferne sich bis auf 5100 Fuß (1500 Meter) Entfernung ein Wohngebäude in Sicht befindet, mit einer Erdumwallung zu umgeben, deren Höhe der Höhe des Magazins oder Lagerraumes gleich kommt.

Die unmittelbare Nähe von Gewässern, Waldungen, sehr frequenten Straßen, Eisenbahnen und Telegraphenleitungen ist wo möglich zu vermeiden.

Die Entfernung der Pulvermagazine von Ortschaften ist nach den örtlichen Verhältnissen und nach der Menge Pulvers zu bemessen, die regelmäßig zur Verwahrung kommt.

Als geringstes Maß dieser Entfernung werden bei einer regelmäßigen Einlagerung von nicht über 25 Zollcentner (1250 Kilogramm) Schießpulver $\frac{1}{2}$ Stunde (1000 Meter) von dem nächsten Häusercomplexe eines Ortes und mindestens 510 Fuß (150 Meter) von den nächstgelegenen Baulichkeiten bestimmt.

Auf die in Festungen für die Sicherheits-Bewaffnung benöthigten Magazine und auf die Kriegspulver-Magazine in den Festungen finden diese Bestimmungen keine Anwendung, wohl aber auf die militärischen Pulver- und Munitions-Magazine zur Aufbewahrung des Kriegsbedarfes zur Friedenszeit in Festungen sowohl als in offenen Garnisonsorten. Im Uebrigen gelten für die Anlage solcher Magazine die vom kgl. Kriegsministerium hiefür eigens ertheilten Vorschriften.

§ 10.

Bei der Bestimmung von Räumen zur Lagerung von Pulver außerhalb der förmlichen Pulvermagazine ist außer der Entfernung dieser Räume von bewohnten Gebäuden noch zu beachten, daß Pulver nicht in gewölbten Räumen und nicht in den unteren Geschossen mehrstöckiger Gebäude, dann nicht mit Stoffen, welche der Selbstentzündung ausgesetzt sind und insbesondere niemals mit Feuerwerks-Gegenständen und explosibelen Stoffen in einem und demselben Locale aufbewahrt werden.

§ 11.

Wenn bei der Abholung von Pulver aus den Verwahrungsräumen eine Umfüllung vorzunehmen ist, darf letztere nicht in den Verwahrungsräumen geschehen, sondern es muß das verwahrte Pulvergefäß uneröffnet aus dem Lagerraume weggetragen, die Thüre des letzteren geschlossen, sodann erst die Umfüllung bewerkstelligt und hiernach das Gefäß verschlossen wieder in den Verwahrungsraum zurückgetragen werden.

Im Uebrigen gelten die oben im § 3 Ziffer 2, 3, 7, 9, 10, 11 und 14 Abs. 1 dann § 4 für Pulverfabriken gegebenen Bestimmungen auch für Pulver-Magazine und Lagerräume.

§ 12.

In feuergefährlicher Nähe oder im Inneren von

Gebäuden, in der Nähe von feuerfangenden Sachen, innerhalb der Ortschaften oder auf belebten öffentlichen Wegen und in unmittelbarer Nähe derselben darf Pulver nicht probirt werden.

§ 13.

Die vorstehenden Bestimmungen gelten mit folgenden Abweichungen auch für den Besitz und die Aufbewahrung von Schießbaumwolle und von Feuerwerks-Gegenständen:

1. ¼ Zollpfund (125 Gramm) Schießbaumwolle ist zwei Zollpfunden (1 Kilogramm) Pulver oder Feuerwerks-Gegenständen gleich zu halten;

2. wenn mehr als zwei Zollcentner (100 Kilogramm) Schießbaumwolle gelagert werden, muß die Entfernung des Lagerraumes von bewohnten Gebäuden mindestens 510 Fuß (150 Meter) betragen;

3. in außerordentlichen Fällen, z. B. aus Veranlassung von beabsichtigten Feuerwerks-Productionen, dürfen vorübergehend und für den nächsten Zweck auch größere Quantitäten von Feuerwerks-Gegenständen als zwei Zollpfunde (1 Kilogramm) innerhalb der Ortschaften oder in Wohngebäuden oder in deren Nähe verwahrt werden, jedoch nur nach hierfür erlangter, auf den einzelnen Fall lautender Bewilligung der Ortspolizeibehörde und unter genauer Einhaltung der von derselben desfalls ergehenden Anordnungen.

Abschnitt III.
Handel mit solchen Stoffen.

§ 14.

Wer — mit Ausnahme der k. Zeughäuser — mit Pulver, Schießbaumwolle oder Feuerwerks-Gegenständen Handel treiben will, hat dieses unter Vorlage der Bescheinigung der Gemeindebehörde über die geschehene Anmeldung zur Gewerbesteueranlage bei der Districtspolizeibehörde anzuzeigen.

Diese Anzeige haben auch die Verfertiger solcher Stoffe zu machen, wenn sie mit denselben Detailhandel betreiben wollen.

Die Anzeige muß vor der Eröffnung des Handels geschehen.

Den bisher zu solchem Handel Berechtigten ist, wenn sie denselben auch künftig betreiben wollen, zur Anzeige-Erstattung eine Frist von 30 Tagen nach dem Inslebentreten gegenwärtiger Vorschriften gewährt.

§ 15.

Für den Handel mit Schießpulver, Schießbaumwolle und Feuerwerks-Gegenständen sind folgende besondere Bestimmungen maßgebend:

1. Der Händler darf nur bis zu zehn Zollpfund (5 Kilogramm) Pulver oder Feuerwerks-Gegenstände oder bis zu 1¼ Zollpfund (625 Gramm) Schießbaumwolle in dem Hause, in welchem er

wohnt oder den Handel betreibt, oder überhaupt in seinem Wohnorte außerhalb des Pulvermagazins oder Lagerraumes vorräthig haben.

2. Von diesem Vorrathe dürfen höchstens zwei Zollpfunde (1 Kilogramm) Pulver oder Feuerwerks=gegenstände oder ¼ Zollpfund (125 Gramm) Schieß=baumwolle im Verkaufslocale oder in der Wohnung des Händlers gehalten, der Rest muß auf dem Dach=boden (Speicher) oder an einem anderen ortspolizei=lich für geeignet erkannten Platze verwahrt werden.

3. Jede dieser Quantitäten hat der Händler in blechenen oder irdenen, mit gut schließenden Deckeln versehenen Gefäßen mit deutlicher Bezeichnung des Inhaltes unterzubringen und letztere auf einem Platze, der nicht Jedermann leicht zugänglich und von Feuerungs= und Beleuchtungsanlagen entfernt, wo möglich unter besonderem Verschluß zu ver=wahren.

Können Feuerwerksgegenstände ihrer Form oder Ausdehnung wegen nicht in blechenen oder irdenen Gefäßen untergebracht werden, so sind sie in ge=schlossenen Kisten oder Fässern oder in geschlossenen Schubladen mit deutlicher Bezeichnung des Inhalts zu verwahren.

4. Die Abgabe solcher Stoffe darf nur bei Tageshelle erfolgen und überhaupt darf niemals Licht bei Beschäftigung mit denselben gebraucht werden.

5. Kinder und Personen, denen nicht zuzutrauen ist, daß sie mit diesen Stoffen umzugehen wissen, dürfen zur Abgabe oder überhaupt Behandlung derselben nicht verwendet werden.

Auch ist unstatthaft, an solche Personen von fraglichen Stoffen abzugeben.

6. Bei dem Herausnehmen von Schießpulver aus den Gefäßen darf kein Werkzeug aus Funken erzeugendem Metall gebraucht werden und muß vorher Alles vorsichtig entfernt werden, was eine Entzündung veranlassen könnte.

7. Entsteht Feuer, welches den Vorräthen eines Handelsberechtigten gefährlich werden könnte, so sind dieselben möglichst rasch aus dem Bereiche der Gefahr zu bringen.

Abschnitt IV.

Transport von Schießpulver, Schießbaumwolle und Feuerwerksgegenständen.

§ 16.

Wer Schießpulver bis zum Betrage von zwei Zollpfunden (1 Kilogramm) bei sich führt, muß dafür sorgen, daß dasselbe vollkommen sicher gegen Verstreuung, rasche Entzündung oder Reibung verwahrt ist.

Uebersteigt die Quantität den Betrag von zwei Zollpfunden (1 Kilogramm), aber nicht von zehn

Zollpfunden (5 Kilogramm), so muß dieselbe, sie mag getragen oder in anderer Weise transportirt werden, in gut geschlossenen Gefäßen von Blech oder starkem Holze verwahrt sein.

Quantitäten von mehr als 10 Zollpfund (5 Kilogramm) Schießpulver müssen zum Behufe des Transportes entweder

a) in Säcken aus Zwillich, Grabl oder Leder und diese Säcke wieder in hölzernen Behältnissen ohne Nägel von Eisen, oder

b) in Packeten mit starker Papier- oder Metall-Umhüllung und diese Packete wieder in dichten, innen mit Leinwand gefütterten Kisten oder Fässern ohne Nägel von Eisen verwahrt sein.

§ 17.

Auf der Außenseite aller Behältnisse, in welchen mehr als zwei Zollpfund (1 Kilogramm) Schießpulver transportirt werden, muß der Inhalt mit rother Signatur deutlich bezeichnet und derselbe auch in Frachtscheinen ausdrücklich angegeben sein.

Hierfür ist der Aufgeber und, wenn der Uebernehmer den nicht bezeichneten Inhalt gekannt hat, auch dieser verantwortlich.

§ 18.

Außerdem gelten für den Pulvertransport folgende Bestimmungen:

A. Wenn die Quantität über zehn Zollpfund (5 Kilogramm) bis zu einem Zollcentner (50 Kilogramm) beträgt:

1. Das Auf= und Ablaben muß bei Tageslicht und unter sorgfältiger Vermeidung jeder Handlung geschehen, welche eine Entzündung herbeiführen oder die Verpackung beschädigen könnte.

2. Die Pulverbehältnisse müssen unter sich und von anderer Ladung, dann von allen Eisentheilen der Fahrzeuge durch Unterlegen und Einlegen von Stroh oder in anderer geeigneter Weise abgesondert und vollkommen fest verpackt werden.

3. Stoffe, welche sich selbst entzünden könnten, dürfen mit Schießpulver nie auf demselben Fahrzeuge verladen werden.

4. Bei der Verladung mit anderen Gegenständen sind die Pulverbehältnisse immer möglichst obenauf und auf Schiffen oder Flößen in höchstens fünf Lagen über einander auf Verdeck in einen eigenen Raum zu packen.

5. Die Fahrzeuge müssen auf eine schon von Ferne sichtbare Weise durch ein schwarzes Fähnchen, das stets ausgespannt zu halten ist, bezeichnet und müssen dicht gedeckt sein.

6. Dieselben müssen Tag und Nacht bewacht oder unter sicherem Verschlusse bewahrt werden.

7. Wagen mit Pulverladung dürfen an keiner

Schmiede oder sonstigen offenen Feuerstätten anhalten und stets nur im Schritte fahren.

Reiter und Fuhrwerke haben denselben auszuweichen und bis die Pulverfracht vorüber ist, anzuhalten oder sich während des Vorüberfahrens nur im Schritte zu bewegen.

8. Wer bei dem Auf- oder Abladen oder überhaupt bei Fahrzeugen mit Pulverladung beschäftigt ist oder in deren Nähe kommt, hat sich hierbei des Tabakrauchens und jeder sonstigen feuergefährlichen Handlung zu enthalten.

9. Auf Schiffen und Flößen mit solchen Ladungen darf, wenn letztere nicht in einem angehängten Nachen nachgeführt werden, weder Feuer noch unverwahrtes Licht brennen.

Dieselben müssen Dampfschiffen und anderen Fahrzeugen womöglich über dem Winde ausweichen; dagegen haben diese dem Pulvertransporte wo möglich unter dem Winde auszuweichen.

B. Wenn die Ladung über einen Zollcentner (50 Kilogramm) Schießpulver beträgt, sind überdies folgende Bestimmungen einzuhalten:

1. Bewohnte Orte müssen womöglich umfahren werden.

2. Wenn übernachtet oder angehalten wird, sind die Fahrzeuge außerhalb der bewohnten Orte und wenigstens 150 Schritte (110 Meter) von bewohnten Gebäuden entfernt unter Bewachung stehen

zu lassen und ist der Ortspolizeibehörde Anzeige zu machen.

Schiffe mit Pulverladung haben von anderen Schiffen wo möglich auch wenigstens 150 Schritte (110 Meter) entfernt zu landen und sind ebenfalls sorgfältig zu überwachen.

3. Besteht ein Pulvertransport aus mehreren Fahrzeugen, so haben dieselben zu Land unter sich einen Abstand von wenigstens 6 Schritten (4½ Meter) und, wenn sie Ortschaften passiren müssen, von wenigstens 25 Schritten (19 Meter) einzuhalten; zu Wasser haben dieselben wenigstens 544 Schritte (400 Meter) von einander entfernt zu bleiben.

4. Bei jedem Pulvertransporte muß sich außer den zur Leitung des Fahrzeuges nöthigen Personen noch ein verlässiger, mit den einschlägigen Vorsichtsmaßregeln vertrauter Mann als Führer befinden.

5. Muß in oder durch einen Ort gefahren werden, so hat vor dem Einfahren in denselben der Transportführer vorauszugehen und dafür zu sorgen, daß auf dem zu nehmenden Wege Alles beseitigt werde, was dem Transporte gefährlich werden könnte.

Wenn der Fuhrmann gleichwohl während der Fahrt eine Gefahr wahrnimmt, so hat er sofort in möglichster Entfernung von derselben anzuhalten und die Beseitigung zu veranlassen.

6. Das Auf-, Um- und Abladen hat, wo es nur immer möglich, unmittelbar bei den Pulver-Magazinen oder Lagerräumen zu geschehen.

Kann ein Zwischentransport zwischen Lagerraum und Verfrachtungsfahrzeug nicht vermieden werden, so müssen hierbei die Bestimmungen über Pulvertransport analog eingehalten und darf das Auf-, Ab- und Umladen nur außerhalb bewohnter Orte und wenigstens 150 Schritte (110 Meter) von bewohnten Gebäuden entfernt vorgenommen werden.

7. Während des Transportes und insbesondere bei jedem Anhalten und vor einer unvermeidlichen Einfahrt in einen Ort ist die Sicherheit und Festigkeit der Ladung und des Fahrzeuges öfters sorgfältig zu untersuchen.

Ergeben sich an der Ladung oder an der Verpackung oder am Fahrzeuge Gebrechen, welche gefährlich werden könnten, so muß das Gebrechen sogleich gehoben werden.

Sind die zu diesem Zwecke vorzunehmenden Arbeiten von der Art, daß irgend Gefahr der Entzündung besteht, und kann der betreffende Theil der Ladung oder des Fahrzeuges nicht ohne Gefahr entfernt oder abseits von dem Transporte reparirt werden, so muß vollständig abgeladen, die Ladung entsprechend verwahrt und bewacht und dann die Beseitigung des Gebrechens in angemessener Entfernung von dem Verwahrungsorte des Pulvers bewirkt werden.

8. Gelangt ein Pulvertransport an eine Eisen=
bahnlinie, um diese zu durchschneiden, so haben die
Fahrzeuge 300 Schritte (220 Meter) vom Durch=
schneidungspunkte entfernt anzuhalten, möglichst unter
sich aufzuschließen und die Bahnlinie erst dann zu
passiren, wenn kein Eisenbahnzug anwesend und auch
vor mindestens ¼ Stunde keiner zu erwarten ist.

Muß ein Pulvertransport neben einer Eisen=
bahnlinie sich fortbewegen, so hat er, wenn ein
Bahnzug sich nähert, wo möglich eine Entfernung
von 300 Schritten (220 Meter) von demselben zu
suchen oder, wenn dies unthunlich ist, anzuhalten,
bis der Zug vorüber ist und sorgfältig zu wachen,
daß etwa abfallende Kohlen und Funken sogleich
gelöscht werden.

9. Kommt ein Pulvertransport an Kalk= oder
Kohlenbrennereien oder anderen Feuerstätten vor=
über, so muß in geeigneter Entfernung angehalten
und vorgesorgt werden, daß die Feuerstätten mög=
lichst verwahrt und keines Falles, so lange der
Transport in der Nähe ist, eine Arbeit vorgenommen
werde, welche Flammen oder Gluth verbreiten könnte.

Soferne dies unthunlich ist, hat der Trans=
port den betreffenden Ort wo möglich in einer Ent=
fernung von 300 Schritten (220 Meter) zu um=
gehen und hat jedenfalls sorgfältig zu wachen, daß
etwa herbeifliegende Kohlen und Funken sogleich ge=
löscht werden.

10. Steigt während der Fahrt eines Pulver=
Transportes ein Gewitter auf, so hat der Trans=

4

port während der Dauer des Gewitters wo möglich in einer freien Gegend anzuhalten. Er darf während eines Gewitters in keinen Ort einfahren und muß die Nähe hoher Bäume meiden.

11. Nothfälle ausgenommen, dürfen Pulver-Transporte nur bei Tag stattfinden.

§ 19.

Die Beförderung von Schießpulver mit Eisenbahnzügen, dann mit der Post ist verboten.

Für die ausnahmsweise gestatteten militärischen Munitions-Transporte mit Extra- oder Güterzügen gelten die besonders hiefür festgesetzten Bestimmungen.

Von dem Transporte auf Dampfschiffen ist Schießpulver gleichfalls ausgeschlossen; diese Bestimmung bezieht sich übrigens nicht auf das zum Abfeuern von Signal- und Salutschüssen erforderliche Schießpulver.

§ 20.

Die vorstehenden Bestimmungen über den Transport von Schießpulver sind auch für den Transport von Schießbaumwolle und Feuerwerksgegenständen maßgebend.

§ 21.

Hinsichtlich des Transportes der vorbezeichneten Gegenstände auf dem Rheine und dem Bodensee kommen die hierüber jeweils geltenden besonderen Vorschriften zur Anwendung.

Abschnitt V.
Schlußbestimmung.

§ 22.

Gegenwärtige Bestimmungen, durch welche alle entgegenstehenden Vorschriften aufgehoben werden, treten dreißig Tage nach deren Veröffentlichung durch das Regierungsblatt und durch das Kreis-Amtsblatt der Pfalz für den ganzen Umfang des Königreiches in Wirksamkeit.

München, den 6. August 1870.

Auf Seiner Königlichen Majestät Allerhöchsten Befehl.

v. Schlör.   v. Braun.

Durch den Minister: der General-Secretär, Ministerialrath von Du Bois.

Instruction zu dem Reglement
für
die Beförderung von Truppen und Armee-Bedürfnissen
auf den Pfälzischen Eisenbahnen
sowie
im gegenseitigen Verkehre
zwischen
**den Staatsgebieten des Norddeutschen Bundes,
des Königreichs Bayern, des Königreichs
Württemberg und des Großherzogthums Baden.**
16. Juli 1870.

Für die Beförderung von Truppen und Armee-Bedürfnissen im Verkehre zwischen den Staatsgebieten des Norddeutschen Bundes, des Königreichs Bayern, des Königreichs Württemberg und des Großherzogthums Baden ist zwischen den betreffenden Staatsregierungen ein Reglement vereinbart worden, welches mit Wirkung vom 16. Juli 1870 ab Giltigkeit für die Pfälzischen Eisenbahnen erhalten hat.

Nach Maßgabe der einschlägigen Bestimmungen gedachten Reglements wird über den Vollzug desselben folgende Instruction ertheilt.

1) Die Anwendung des Reglements erstreckt sich auf die Beförderung von Truppen und Armee-Bedürfnissen zwischen den obengenannten vier Staatsgebieten, sodann auch auf die Beförderung einheimischer Truppen und Heeres-Bedürfnisse auf den Pfälzischen Bahnen, wobei jedoch in letzterer Hinsicht unter Ziffer 3 eine Ausnahme-Bestimmung getroffen wird.

2) Die Anwendung des Reglements, bezw. der Tarifsbestimmungen, erfolgt auf alle mit **Requisitionsschein, Anlage A. (Formular H. 38), versehenen Transporte** von Mannschaften und Gegenständen, wie solche im Reglement näher bezeichnet sind.

Hierbei ist zu bemerken, daß zwar nach § 10 des Reglements bei Transporten von weniger als 20 Mann aus Einem der vier in Rede stehenden Staatsgebiete in das Andere Baarzahlung einzutreten hat, daß aber diese Bestimmung selbstverständlich nur in Friedenszeiten Anwendung findet und in allen solchen Fällen außer Kraft tritt, wo — wie z. B. bei gegenwärtigen Verhältnissen — eine allgemeine Stundung der Militärtaxen speciell verfügt ist.

3) Eine Ausnahme von den Taxbestimmungen des Regulativs tritt bei Angehörigen der bayerischen Armee im internen pfälzischen Verkehre insofern ein, als bei Baarzahlung die bestehenden Militärbillete zur Verausgabung zu kommen haben. Anspruch auf diese Billete zu ermäßigten Taxen besitzen:

a. Wehrpflichtige, welche vor ihrer wirklichen

Einreihung in Ersatzangelegenheiten vorgeladen werden;

b. Rekruten, Reservisten und Landwehrmänner bei der Einberufung zu den Fahnen und der Entlassung in die Heimath;

c. Unterofficiere und Soldaten des stehenden Heeres, vom Feldwebel abwärts, bei Entlassung und bei Urlaubsreisen in die Heimath und zurück;

d. Unterofficiere und Soldaten, welche mit Certificaten (Erlaubnißscheinen) versehen sind;

e. die in Untersuchungsfällen bei den Militärgerichten zu vernehmenden Individuen;

f. die Frauen von commandirten Unterofficieren und Soldaten;

g. das k. Gendarmeriecorps.

NB. Officieren der Landwehrbezirks-Commandos und des k. Gendarmeriecorps, sowie allen zur Abhaltung der Control-Versammlungen in diesem Regierungsbezirk beordert werdenden Officieren, ist gegen Lösung von gewöhnlichen einfachen Billeten III. Classe die Benützung der Schnellzüge gestattet.

Die Zulassung zur Fahrt mit Militärbilleten erfolgt auf Grund der bezüglichen Einberufungsordres, Entlassungsscheine, Urlaubspässe oder sonstiger entsprechender Legitimation einer Militär- oder Civilbehörde.

Die Beförderung mit Militärbilleten bleibt jederzeit ausgeschlossen, wenn die Fahrtaxen gestundet werden sollen.

4) Die Beförderung von Militär und Militärgütern findet, wenn nicht nach Ziffer 3 Lösung von Militärbilleten erfolgt, — mittelst Requisitionsschein statt, welchen die Militärbehörde, nach Ausfüllung der drei Abtheilungen, an die Eisenbahn-Abfertigungsstelle zu übergeben hat.

Diese Requisitionsscheine zerfallen in drei Abschnitte:

Abschnitt 1 enthält das Anerkenntniß für die Eisenbahnverwaltung;

Abschnitt 2 bildet das Fahrbillet, und

Abschnitt 3 dient als Anerkenntniß für die Militärverwaltung.

Nach § 10 des Reglements sollen diese 3 Abschnitte von den Militärbehörden ꝛc. genau und übereinstimmend ausgefüllt sein und, mit Unterschrift und Dienstsiegel derselben versehen, den Einnehmereien wie den Güterexpeditionen zur Behandlung übergeben werden. In diesem Falle ist es Pflicht unserer Dienstesstellen, die Uebereinstimmung der 3 Abschnitte mit den im genannten Paragraphen gestellten Anforderungen zu prüfen, allenfallsige mangelhafte Ausstellungen zu vervollständigen, die sämmtlichen Abschnitte mit gleichlautenden, monatlich fortlaufenden Nummern zu versehen, insbesondere die Abschnitte 1 (Anerkenntniß für die Eisenbahn-Verwaltung) als Belege für die Verrechnung sorgfältig aufzubewahren und diese nach Ablauf eines jeden Monats geordnet an die Controle einzusenden.

Wird von den Militärbehörden 2c. nur Abschnitt 1 — nach den Anforderungen des § 10 ausgefüllt, — unseren Dienstesstellen übergeben, so sind die Abschnitte 2 und 3 von diesen nach den Angaben des Abschnittes 1 zu vervollständigen, hierauf die Berechnung der Taxen vorzunehmen, die Abschnitte mit dem Datumsstempel der Abgangsstation nebst der Unterschrift des expedirenden Beamten zu versehen, und Abschnitt 2 und 3 dem Commandoführer oder der betreffenden Militärperson einzuhändigen.

Abschnitt 2 als Fahrbillet wird auf der vorletzten Station durch den Zugführer in Verwahrung genommen und von ihm mit der Zugnummer, dem Datum der Beförderung des Transportes und seiner Unterschrift versehen. Sofern die Beförderung der expedirten Personen oder Armeebedürfnisse vor der angegebenen Bestimmungsstation endigen oder über diese hinausgehen sollte, so ist dem Abschnitte 2 durch den Zugführer eine desfallsige Bemerkung beizufügen, und im Stundenpasse ebenfalls hierauf Bezug zu nehmen.

Die Abschnitte 2 sind mit den eingesammelten Personenbilleten unserer Controle zu übermitteln.

Die Abschnitte 3 der Requisitionsscheine verbleiben den Truppenführern ꝛc. als Anerkenntnisse für die Militärverwaltung.

5) Bei der Beförderung der Transporte mittelst Requisitionsschein kann Baarzahlung oder Stundung der Transportsumme eintreten. Bei Baarzahlungen erfolgt Seitens unserer Expeditionsstelle auf Abschnitt 3 Quittung über den Empfang der Transportkosten, bei Stundungen die Bemerkung: „Wurde nicht bezahlt." In beiden Fällen sind die in § 7 des Reglements vom 16. Juli 1870 ausgeführten Grundtaxen maßgebend. Die Berechnung der Transportkosten geschieht mit Benützung des internen Tarif-Meilenzeigers oder der in den Gütertarifen enthaltenen Meilenzahl, unter Zugrundlegung der in Abschnitt 1 vorgetragenen Anzahl der Personen ꝛc. und der erwähnten Grundtaxen.

Sollte bei einem Transporte nach außerpfälzischen Stationen die Entfernung in Meilen nicht bekannt sein, so haben unsere Dienstesstellen die Expedition auf die der Bestimmungsstation zunächst gelegene Station oder auf die Uebergangsstation des betr. Verkehrs zu bewerkstelligen und im Abschnitt 1, wie in dem unter Ziffer 8 erwähnten Verzeichnisse der Requisitionsscheine, in der Rubrik „Bemerkungen" hiervon Mittheilung zu machen.

6) Die Verrechnung der Transportsummen erfolgt, wie seither, in den betr. Verkehren. Ueber Fahrtaxen, für welche Stundung eingeräumt ist, haben die Einnehmereien, nach Verkehren getrennt,

Liquidation anzufertigen und solche unserer Hauptkasse bei der Ablieferung als Belege in Aufrechnung zu bringen, wenn über letztere zeitweise nicht anders verfügt ist.

7) Bezüglich der Beförderung des Militärgepäckes wird bemerkt, daß nach § 7 Absatz 13 den Officieren ein Freigewicht von 50 Pfd. gestattet ist, und gilt im Uebrigen ohnehin unsere Verfügung Nro. 20,014 X., Anzeigeblatt Nro. 24 l. Js., hinsichtlich der Expeditionsweise mittelst Ausfertigung von Gepäckscheinen. Frachtfrei ist auch das Gepäck, welches der auf der Bahn zu transportirende Soldat auf dem Fußmarsche mit sich führt, ebenso Sättel und Geschirre der zu befördernden Pferde.

Der Minimalsatz für Militäreffecten und sonstige Armeebedürfnisse beträgt nach § 8 Absatz 3 drei Silbergroschen oder elf Kreuzer.

Nachnahmen beim Versandt von Militäreffecten sind nicht zulässig.

8) Behufs Verrechnung der expedirten Militärtransporte erhalten die Einnehmereien ein Verzeichniß, Anlage C. (Formular H. 39), in welches sie die beförderten Transporte einzutragen haben. In dieses Requisitionsschein-Verzeichniß sind sämmtliche Scheine mit ihrer fortlaufenden monatlichen Numerirung einzustellen.

Gedachtes Verzeichniß ist monatlich abzuschließen mit sämmtlichen Requisitionsscheinen (Abschnitt 1, Anerkenntniß für die Eisenbahnverwaltung) zu belegen und in den für Einlieferung der Personennachweise vorgeschriebenen Terminen, behufs Verrechnung mit der Militärbehörde, am 2. des nächsten Monates an unser Controlbureau einzuliefern.

9) Bei Beförderung von **Militärgütern** ohne Begleitung ist Seitens der Güterexpedition der Abschnitt 2 des Requisitionsscheines der betreffenden Frachtkarte beizuheften, eventuell mit dieser an unsere Controle einzusenden.

Die Berechnung der Transportkosten erfolgt nach den im § 7 des neuen Reglements angegebenen Taxen. Die Expedition solcher Güter geschieht auf Grund eines Requisitionsscheins und eines Frachtbriefes, welche durch die Militärverwaltung ausgestellt sein müssen. Ueber die Frachtbeträge, welche für derartige Transporte erwachsen und gestundet werden, haben die Güterexpeditionen, ebenfalls nach Verkehren getrennt, Liquidationen auszufertigen und solche unserer Hauptkasse bei der Ablieferung als Belege in Anrechnung zu bringen, sofern über Letztere zeitweise nicht anders verfügt ist.

Diesen Liquidationen sind stets die Requisitionsscheine oder Duplicate der betr. Frachtbriefe als Ausweis beizufügen.

10) Für Transporte von Militärpersonen und Armeebedürfnissen ohne Requisitionsschein kommen die Bestimmungen und Tarife der betr. Verkehre bezw. Verbände zur Anwendung. Lieferanten von Armeebedürfnissen wird von der Militärbehörde ein

Requisitionsschein nur dann ausgestellt, wenn das Militärärar vertragsmäßig verpflichtet ist, die Eisenbahntransporte selbst zu tragen; andernfalls haben für solche Transporte lediglich die Bestimmungen und Taxen des betr. Güterverkehrs Anwendung zu finden, und sind die Frachten, gleichwie bei den übrigen Gütern, sofort zu entrichten.

11) Die Benützung der Schnell- und Courierzüge ist nur auf dringende Ausnahmsfälle durch einzelne Militärpersonen oder Commandos gegen sofortige Entrichtung der vollen Schnellzugstaxe beschränkt. Wenn gleichwohl die Beförderung auf Grund eines Requisitionsscheines gegen Stundung des Fahrgeldes erfolgen soll, so muß die Benützung des Schnell- oder Courierzuges im Requisitionsscheine durch die Militärbehörde ausdrücklich angeordnet sein, und die volle Taxe in Verrechnung kommen. Das Gleiche ist der Fall, wenn die Beförderung mit Extrazug geschehen soll, oder bei Verwendung von Pferdestallwagen gegen die gewöhnliche volle Taxe, falls solche beansprucht wird. In allen diesen Fällen muß ein solches Verlangen im Requisitionsscheine ausgesprochen sein.

12) Sofern zur Versendung kommende Militärgüter bei der Güterexpedition, zur Ermittelung des Gewichts, verwogen werden müssen, sind hierfür die gewöhnlichen Gebühren zu berechnen, und dies sowohl im Abschnitt 1 als 3 des Requisitionsscheins vorzumerken.

Dasselbe hat bei sonstigen etwaigen Nebengebühren, welche nach der normalen Taxe zu berechnen sind, zu geschehen.

13) Nach den Bestimmungen über Munitions-, Pulver- ꝛc. Transporte (§ 9) müssen besondere Schutzwagen vor und nach den Pulverwagen in den Zug gestellt werden. Zeigt sich bei der Zusammenstellung des Zuges, daß hierzu keine mit Fracht beladene, ohnehin zu befördernde Wagen vorhanden sind, sondern eigene Wagen verwendet werden müssen, so hat hierüber in dem betreffenden Requisitionsscheine (Abschnitt 1) unter Berechnung der Taxe Vormerkung stattzufinden, und ist der ausstellenden Militärbehörde hierüber eigene schriftliche Mittheilung zu machen und, daß dies geschehen, ebenfalls im Abschnitte 1 vorzumerken.

14) Das Reglement vom 16. Juli 1870 für die Beförderung von Truppen und Armeebedürfnissen ist sowohl für die Militärbehörden, als auch für die Eisenbahnstellen bindend.

Die Vorschriften desselben sind auf das Genaueste durchzuführen, und werden besonders die Bestimmungen über die Transporte von Pulver, Munition, Zündungen unserem Personale bei eigener Verantwortung zur strengsten Darnachachtung anbefohlen. Bei jedem Transporte dieser Art ist das betheiligte Abfertigungs-, Stations- und Zugspersonal auf die desfallsigen Bestimmungen aufmerksam zu machen.

Mit reinen Personenzügen oder gemischten Zügen dürfen Pulver, Munition, Zündungen nur mit Genehmigung der Direction befördert werden.

Die in § 22, Ziffer 4, Absatz 2 des Reglements vorgeschriebene Aufschrift für Wagen mit Zündungen hat auch bei jenen Wagen stattzufinden, welche Pulver und Munitionsgegenstände aller Art (§ 18 und ff.) mit sich führen.

15) Sollten sich bei Anwendung des Reglements mit den Militärbehörden Anstände ergeben, so ist hierüber sogleich Anzeige an die Direction zu erstatten.

Schlußbemerkung.

Unsere Anordnungen in der Verfügung vom 10. August Nr. 18,129 X., Unregelmäßigkeiten im Expeditionsdienste, insbesondere bei Militär- und Proviantsendungen betreffend, sowie in einer zweiten Verfügung vom 14. August Nr. 18,131 X. über den Transport von Verwundeten und Kriegsgefangenen bleiben bis auf Weiteres in Wirksamkeit.

Nur hinsichtlich des Verfahrens über die bei den Güterexpeditionen gestundeten Frachtbeträge wird die mit unserer Verfügung vom 14. Aug. c. Nr. 18,128 X., ad 2, Abs. 3 gegebene Vorschrift dahin abgeändert, daß vom 1. l. Mts. ab von allen unseren Güterexpeditionen über gestundete Militärtransporte keine besonderen Nachweisungen und Hauptzusammenstellungen mehr anzufertigen sind; es müssen vielmehr sämmtliche Frachtkarten wieder in der vorschriftsmäßigen Weise, ungetrennt von den übrigen Sendungen, in den Nachweisungen 2c. vorgetragen werden.

Beim Monatsschlusse sind die Liquidationen verkehrsweise aufzustellen, und der gestundete Gesammtbetrag an der Monatsbilanz, beziehungsweise an dem Soll des betreffenden Verkehrs, in Abzug zu bringen.

Ueber die nachträglich einlaufenden Frachtkarten mit gestundeten Beträgen sind ebenfalls diese Liquidationen aufzustellen und in den bestimmten Fristen an die Controle einzuliefern.

Das Reglement vom 1. Februar 1870 für die Beförderung bayerischer Truppen 2c. auf den Pfälzischen Bahnen findet lediglich noch in dem sub 3 hier oben bezeichneten Umfange Anwendung; im Uebrigen wird dasselbe vom Einführungstage des neuen Reglements an außer Kraft gesetzt.

Ludwigshafen, im October 1870.

Die Direction.
v. Jaeger.